La Bibliothèque de la Culture

LES INTENSITÉS SENTIMENTALES

ELIAS

La Bibliothèque de la Culture

BC

PROLOGUE

J'aimerais croire que l'intensité est une mesure de mes sentiments, mais je n'y parviens pas. Je n'y parviens plus. Je sais seulement que je ressens le besoin de reconnaitre la beauté. De pourfendre les idées reçues, de me défendre. Et d'aimer…

LIVRE 1

RECONNAITRE LA BEAUTÉ.

RECONNAITRE LA BEAUTÉ.

LES COMPARAISONS.

Je ne juge jamais l'autre en fonction de mes capacités et à vrai dire, je ne pense jamais à juger qui que ce soit, sauf si je dois me défendre.

Je ne vous dirai rien qui puisse me ternir à vos yeux.
Je ne suis pas fou.
Mais je n'aime pas me vanter, me prévaloir ou prétendre. Les intensités sentimentales n'ont plus de secrets pour moi depuis déjà longtemps et il me semble que ces derniers jours ont été d'une rare intensité.

Peut-être pouvons-nous prendre quelques heures, vous et moi, et admettre qu'il faut du temps, pour que les idées noires, donnent naissance à la beauté.

RECONNAITRE LA BEAUTÉ.

...

Il est tôt. Dans mon cul. J'ai la tête qui hurle qu'il faut se lever, mais mon cul a besoin de repos.

La conversation tourne aigre et je dois dire que les arguments ne sont pas tant une raison qu'une folie, qui refuse son origine.

Je finis par me lever, déjà en colère, déjà ruminant une défaite qui va me poursuivre la journée durant. Je pisse cette putain de raison et je me dis qu'il me faudra chier avant que la raison… ne m'expulse de chez moi. Fatigué, épuisé et en colère.

Je me brosse les dents mais je ne souris pas à mon reflet.
Il est à l'envers de toute façon.
Je brosse longuement, sans me blesser….
Ça va déjà mieux. Je repense brièvement à ma douche d'hier soir, à ce moment entre tous où je me suis nettoyé le corps avec les humeurs salines d'un désert. Je me suis douché seul.

RECONNAITRE LA BEAUTÉ.

SANS ELLE.

Elle a voulu parler de choses que les horreurs craignent et même si j'ai fait de mon mieux pour épier les ombres, elle a voulu parler.

Elle m'a demandé pourquoi, pourquoi donc, et pourquoi.
J'ai répondu que les ombres avaient des tendances déraisonnables et que le mieux que nous puissions faire serait bien évidemment de se donner du temps.

Mais elle a insisté.
Pourquoi et pourquoi. Pourquoi ma colère était-elle le seul sentiment, et pourquoi cette intensité.

J'ai répondu avec une haine incontrôlable que ma colère était le fruit de mes espoirs et que je n'arrivais plus à cacher que mes espoirs avaient fui mon tempérament.
J'ai répondu la haine dans les yeux que ses questions étaient des idées noires, et que je n'en pouvais plus… de cacher mes sentiments.

RECONNAITRE LA BEAUTÉ.

LE SHAMPOING.

Je suis con.
Elle a embarqué les chats et elle s'est tirée.
Je pisse ma vie.

J'ai l'impression que mon corps me rejette. Il me dit de dégager, mon corps.
Je tremble.

Le shampoing est un ennemi, la douche me semble une épreuve et je pense que mes larmes ne nettoient rien.

La peine ne passe pas.

RECONNAITRE LA BEAUTÉ.

JE NE VEUX PAS.

Quoi qu'il m'en coûte, je me dis que je dois la récupérer, que ma vie n'a pas de sens sans elle, que je dois cesser de considérer que ma fierté est un atout, que je dois ramper si nécessaire…

Je refuse.
Pourtant je refuse de prendre le téléphone et de supplier.

Je ne veux pas.

Sale pute.
Elle a pris mes chats.

RECONNAITRE LA BEAUTÉ.

LE MATIN.

Je me brosse les dents.
L'opération est codifiée selon une méthode éprouvée et validée.

D'abord en bas, les molaires et prémolaires, à droite puis à gauche. J'insiste un peu, je n'aime pas l'idée que des trucs s'attardent.
Ensuite en haut, même chose.

Une fois que j'ai fini le dessus des dents, je recommence la même opération avec la face intérieure.
Ma brosse à dent est électrique, elle nettoie en profondeur avec la vigueur appropriée.

Après le dessus et l'intérieur, la face extérieur.
C'est la partie que je préfère.
Je brosse avec soin et je me délecte de la douceur de l'émail de mes dents.

RECONNAITRE LA BEAUTÉ.

LES HABITUDES.

Il ne faut pas confondre les bonnes habitudes avec des rituels. Il n'y a pas de rites dans la toilette du matin, juste une habitude bien ancrée qui garantit à chacun une bonne santé.

Je ne célèbre rien.
Il n'y a pas de dévotions, pas de sacralisation et pas de dogmes.

Je me nettoie le cul aussi bien lorsque j'ai fini de chier et je ne considère en aucun cas que cette opération délicate relève d'un dogme quelconque. Je me nettoie le cul selon une opération codifiée, éprouvée et validée.

J'utilise du papier à trois couches…
…
Bref.
On s'est compris

Je m'applique. Je fais attention.
Je ne tiens pas à avoir de problèmes de santé.

RECONNAITRE LA BEAUTÉ.

JE NE FUME PLUS.

Il m'arrive encore, presque tous les jours, de me dire qu'une bonne cigarette serait indiquée et que je pourrais ensuite m'arrêter, de nouveau. L'idée de la cigarette est fortement ancrée dans ma psyché. Elle symbolise… une liberté.

Je sors, j'allume ma clope et je pense à pleins de choses; mais j'y pense avec douceur, avec une sorte de détachement rationnel… et lorsque ma clope a fini de me souffler ses idées sur l'existence, je me ramasse et je m'encourage à rentrer. Dans les idées noires.

Clope = calme et rationalité.
Pas de clope = je suis enfermé dans mes idées noires.

C'est vrai et c'est faux en même temps, bien sûr, et bien que je ne cède jamais à la tentation de reprendre, chaque fois que je repense à comment elle me manque, cette foutue…, je dois quand-même me convaincre que reprendre est vraiment une idée à la con. Une idée très noire.

RECONNAITRE LA BEAUTÉ.

LA GARANTIE.

J'arrive au boulot avec une forte envie de fumer et je ne tiens pas vraiment à faire le tour du bureau.
Serrer cinq mains, dire bonjour, comment ça va dans ton cul, le mien va pas mal, merci.

À vrai dire, j'ai un peu la chiasse, les nerfs en vrac et je sais que je ne mange pas suffisamment de féculents. Fais mon cul lent. Il faudrait pourtant.

Je serre la main à tout le monde, je souris, presque sincère et je leur parle de mon hygiène. Je dis que je résiste et que ma foi, je ne crois en rien. À part à une bonne baise, et le silence de l'orgasme.

Ils acquiescent… avec beaucoup d'acquiescements.

RECONNAITRE LA BEAUTÉ.

LE SILENCE.

Il y a beaucoup d'intensité dans notre bureau et je dois dire que l'intensité du silence est assourdissante. Je me dis que ces gens-là sont sourds, s'ils n'entendent pas que je pète dans ma tête, tellement fort, que j'ai l'impression que mes pensées sont une tempête.

RECONNAITRE LA BEAUTÉ.

LES IDÉES DU CUL.

Le cul a une volonté qui lui est propre, une volonté forte.
Le cul veut et quand il veut, il veut fort.

Je suis assis devant mon écran, à penser à son cul à elle, à ma bite qui lui pénètre la chatte et à comment elle accompagne mes mouvements.

Elle est couchée sur le ventre, elle gémit de plaisir, mes mains sur ses fesses, sur ses hanches et j'aime prendre mon temps, tandis qu'elle s'abandonne entièrement.
Cette position est bien sûr une position de confiance, une position… d'amour.

J'ai la bite qui me fait mal tellement je bande et je dois dire que ça me crève le coeur. Je dois impérativement me déconcentrer, rapidement, avant de mouiller mon caleçon.

Je pense à mes collègues.

RECONNAITRE LA BEAUTÉ.

LA DÉBANDADE.

Je ne reconnais pas la jument qui me parle.
Elle semble baragouiner une langue absurde faite de «tu ne mérites pas ma chatte», «je vaux mieux que toi» et «je te pisse dessus».

Elle hennit quelque chose sur un contrat et me demande si je peux «designer» un «spreadsheet» qui lui donnerait un suivi.

Je lui réponds que j'en ai rien à foutre de sa gueule, qu'elle doit aller hennir ailleurs et que non, je ne vais pas créer de classeur pour qu'elle puisse se branler derrière son bureau à rien foutre.

Ce n'est pas mon job de faire le sien.

Elle part furieuse.

RECONNAITRE LA BEAUTÉ.

LA HAINE.

Je ressens sa haine à travers les cloisons, et même s'il y avait de vrais murs, je suis convaincu que je ressentirai sa haine quand même.

Elle me veut… du mal.
Elle me veut un certain nombre de trucs que la décence n'aime pas.

Je me dis que ce genre de personne pense réellement que se comporter décemment est un crime, et que ceux qui portent la décence comme un drapeau sont appelés à purger une peine. Pour excès d'humanité.

Je souris.

Je pense avoir trouvé la personne qu'il me faut.

RECONNAITRE LA BEAUTÉ.

JE VEUX MON EMAIL BRILLANT.

Je fais un email que je rédige avec le sentiment que cette journée s'arrange et que je dois remercier les grands talents qui l'ont recrutée de véhiculer l'idée que les merdes sont les plus à même de vendre, probablement dans l'idée qu'elle est suffisamment bête pour faire ce que la décence ne retient jamais.

L'email est écrit dans la langue des intensités.

« Très cher Arnaud,

Je viens de recevoir la visite de ta collaboratrice, qui est venue réclamer, sur un ton dégueulasse, que mon équipe lui construise un classeur de suivi du contrat dont elle est responsable.

J'avoue que j'en ris encore.

Je l'ai renvoyée avec le sentiment que la décence est une langue étrangère pour certains.

Le cahier des charges de mon équipe ne fait mention nulle
part que nous devons prendre en charge le travail des autres.

Merci de bien vouloir le lui expliquer.

Cordialement.
Patrick. »

RECONNAITRE LA BEAUTÉ.

DE MIEUX EN MIEUX.

A rnaud me répond quelques minutes plus tard qu'il s'en branle de ce que je pense et que sa collaboratrice est un talent, que son team vient de recruter.

« Patrick,

Céline vient de commencer son travail.
Je lui ai confiée plusieurs contrats. Des contrats importants.
Elle est débordée.
Je compte sur ta collaboration.

Arnaud. »

RECONNAITRE LA BEAUTÉ.

PASSIF.

La langue des Arnaud de ce monde est la langue des passifs-agressifs, qui insultent par le «professionnalisme» de leur comportement «sans reproche».
Le langage des conflits larvés, des lâchetés quotidiennes et des faiblesses de l'esprit.

Je lui réponds avec intensité.

« Très cher Arnaud,

Je comprends bien que ta collaboratrice fasse son travail.

Mon équipe n'est pas débordée.
Elle fait son travail sans problème.

Cordialement.
Patrick. »

RECONNAITRE LA BEAUTÉ.

AGRESSIF.

« Patrick,

Céline va revenir te voir pour une requête sur le contrat dont elle t'a parlé.
J'entends bien que ton équipe fait son travail.
C'est pour cela que Céline revient vers toi. »

…

« Très cher Arnaud,

Je pense que Céline a besoin de comprendre que l'équipe de stratégie n'est pas une équipe formatrice.
Nous ne formons pas les commerciaux.
Je le saurais si c'était le cas.

Cordialement.
Patrick. »

…

« Patrick,

J'ai adressé une copie de cet échange à Robert.

Arnaud. »

…

« Très cher Arnaud,

Robert est en copie cachée de ces mails depuis le début.

Cordialement.
Patrick. »

…

RECONNAITRE LA BEAUTÉ.

UNE BONNE JOURNÉE.

Robert n'a pas réagi.
Il n'a pas réagi.
Robert est un de ces responsables qui pensent que faire son travail doit être la responsabilité de ceux qui veulent plus de responsabilités.

Il pense aussi que les conflits sont bons pour lui.

Si les conflits sont crevants, agressifs, voire violents…, lui il est tranquille. Pas à s'inquiéter.
Personne ne viendra remettre en cause son professionnalisme à lui, dans une ambiance de travail «stimulante».

Céline n'est pas revenue.

RECONNAITRE LA BEAUTÉ.

L'EXPÉRIENCE.

J'ai l'habitude de ce genre de problèmes.

Je pratique ces conneries depuis longtemps et je sais quand un de ces types qui ne réfléchissent jamais, veut insulter ceux qui le font, avec le besoin récurrent de se montrer plus «professionnel».
Soit-disant.

J'ai commencé ce jeu quelques années auparavant.
Un soir, un peu à la limite de l'implosion, je me suis laissé aller à décrire par le menu ce qu'un pauvre type bêta m'inspirait. Je l'ai fait en me disant que ça allait me valoir des emmerdes sérieuses, mais je l'ai fait quand même.

J'ai écrit un mail.
Une trace écrite qui se conserve facilement et qui peut aller dans le détail d'une situation de conflit.
J'ai appris, au fil du temps, que les conflits en entreprise devaient toujours se régler par écrit.
Jamais par oral.

RECONNAITRE LA BEAUTÉ.

MA DÉCISION.

J'ai pensé que ma compagne était la femme de ma vie, qu'elle et moi, ce serait pour la vie et même si je sais que j'ai une responsabilité dans ce désastre, je n'arrive toujours pas à comprendre ce qui s'est passé.

Le choc est encore frais.

Je décide que je ne lui écrirai pas.
Elle est partie avec mes chats.

…

RECONNAITRE LA BEAUTÉ.

L'ANNIVERSAIRE.

Une semaine est passée.
Pas de nouvelles.

Je téléphone à un de mes amis.
J'hésite à téléphoner à mon ami, mais mon ami a vécu un
divorce récemment, et je me dis que mon ami pourrait peut-
être compatir.

Mon ami répond au téléphone sur un ton vexant.
Il me traite de fainéant.
Je fais celui qui s'amuse…, qui rit d'une bonne blague répétée
des dizaines et des dizaines de fois…, mais comme à chaque
fois, je ressens la pointe de sa volonté comme une blessure.
Nous nous connaissons depuis des décennies, mon ami et
moi.

J'ai le sentiment dégueulasse que l'annonce de ma rupture va
lui faire plaisir.

Je dis à mon ami que ma rupture a été une douleur, il me
parle de techniques, d'avocats et de frais.

Il me dit que notre maison devra être vendue et qu'il serait bon d'anticiper. Il me recommande des courtiers.

…

Je raccroche et je ressens que ce coup de téléphone vient de me coûter excessivement cher. Je ne sais pas vraiment pourquoi.

Je n'ai jamais été fainéant.

RECONNAITRE LA BEAUTÉ.

MA PERTE.

La technique est connue.
Un de ces Arnaud subit un revers sévère.

Il cherche un moyen de se sentir plus professionnel. De se montrer comme un cadre, supérieur.

Pour ce faire, Arnaud décide que rabaisser ceux qui sont tranquilles serait un bon moyen. Ceux qui sont tranquilles n'ont pas le droit d'être tranquilles tandis que les Arnaud de ce monde, eux, ne le sont pas.

Il envoie donc une Céline, fraiche, indécente, me réclamer un travail indécent.

Céline ne se rend pas compte que si je construis un classeur pour gérer son contrat, je devrais réclamer son salaire. Gérer un contrat revient à exécuter les opérations qui émanent de sa compréhension, à savoir être au fait des éléments constitutifs, des différentes clauses et construire une synthèse sur un tableau de bord de manière à agir si nécessaire.

Si je fais tout le travail de compréhension et de synthèse,
Céline ne serait rien de plus qu'une exécutante.

Une gestionnaire de contrat qui ne réfléchit jamais, n'est pas
une gestionnaire. Elle n'est rien de plus qu'une commis.

RECONNAITRE LA BEAUTÉ.

LA PARESSE.

Lorsqu'une entreprise commence à engager des gens qui ne veulent pas réfléchir, il me semble que la fin est proche.

RECONNAITRE LA BEAUTÉ.

JE SAIS.

Je sais déjà que Céline va revenir et qu'elle me demandera de lui expliquer ceci et cela.
Elle voudra être formée et avec les mois et les vexations, elle reviendra avec le sourire.

Je sais aussi que je ne la formerai pas.

Mon job est d'élaborer des stratégies.
Rien d'autre.

J'ai déjà cédé à cette fierté, cette sensation de fierté si traitresse qui m'avait poussé à me mettre à la disposition de toutes les équipes. Pendant longtemps.
Être considéré comme une référence, un puit de connaissance où chacun puisait à volonté.
Jusqu'à l'épuisement.

Être une référence m'a valu de devenir une cible pour les Arnaud et d'être abordé par les juments avec une sorte d'agressivité complètement idiote, qui vaut déjà à Céline une étiquette de conne.

RECONNAITRE LA BEAUTÉ.

LES RISQUES.

Certains pensent que je suis intouchable et que je fais ce que je veux. Que j'impose ma façon de faire et que je fais parti des indéboulonnables de la boîte.

Il y a du vrai.
Je l'ai déjà vérifié.

LIVRE 2

POURFENDRE LES IDÉES REÇUES.

POURFENDRE LES IDÉES REÇUES.

BISE.

La tendresse dans une relation n'est pas ce que l'on croit.

Patrick a toujours été un homme acharné, un désireux. La tendresse qu'il a dans les yeux est tellement touchante que je considère criminel... de ne pas l'aimer. Il désire aider. Il le désire vraiment et si la compassion n'a pas de place dans ses idées, il n'en reste pas moins un de ces humains. Un de ceux qui luttent.

POURFENDRE LES IDÉES REÇUES.

…

J'ai échoué.
Là où tous les idéaux se dressent, cette frontière qui dessine les réalités, j'ai échoué.

Je nage dans la merde, fatiguée par mes propres pensées, épuisée à l'idée que les mois à venir vont être un paiement.
Je vais payer cher. Très cher.
Je le sais déjà.

Chaque brasse remue des souvenirs de lui et je me rappelle…

Je n'ai jamais réussi à accepter que Patrick n'est pas «normal», je n'ai jamais pu accepter que ses contradictions sont le fruit d'un besoin d'éprouver ses convictions et qu'il ne peut pas… vivre, normalement.

POURFENDRE LES IDÉES REÇUES.

PÉTASSE.

Je me suis comportée comme la pire des pétasses. J'ai plié bagage et je me suis enfuie sans prévenir, un jour de semaine. J'ai embarqué deux valises, ma machine à coudre et les deux chattes, me disant qu'il ne serait pas capable de s'en occuper.

Ce qui est strictement faux.

J'ai chargé ma voiture sous le regard des voisins et j'ai pensé que ces merdeux pouvaient bien me juger, s'ils le voulaient, je n'ai jamais voulu de maison. Je n'ai jamais voulu de villa.

Il les a éduquées. Les chattes. Il les aimaient…
Elles le suivaient partout. Dormaient sur lui, mangeaient pour lui…, ces putes.

J'ai voulu qu'il souffre.

Je suis sûre d'avoir réussi.

POURFENDRE LES IDÉES REÇUES.

JE NE LE SUPPORTAIS PLUS.

Je peux affirmer que Patrick est un homme aimable, que j'ai aimé vivre avec lui mais je ne peux pas garantir que ce que je dis soit entièrement vrai. Ma tête tourne et le vertige efface les vérités. Ma vie défile, vite, très vite, tout se brouille… et si je pouvais m'auto-diagnostiquer, je dirais sans doute, que j'entre en psychose. La réalité se déforme…, la haine me submerge… et je veux que ce petit con que j'ai aimé à la folie, crève.

POURFENDRE LES IDÉES REÇUES.

J'AI BAISÉ.

La première fois que nous avons fait l'amour, j'ai ressenti que le temps avait joué de ses possibilités, pour que ce moment puisse exister. J'ai pensé qu'il a fallu un pouvoir, un grand pouvoir, pour qu'un sentiment aussi fort que mon amour, puisse balayer toutes mes idées, pour n'en laisser qu'une.

Patrick.

POURFENDRE LES IDÉES REÇUES.

FENDUE.

Je me suis coupée en deux.
Une moitié de moi ne pensait plus qu'à lui, comment l'aimer, comment le garder…, comment le baiser. L'autre moitié essayait comme elle pouvait de garder pied dans une réalité qui venait tout à coup de prendre une idée dans la gueule.

Une de ces idées qui changent la vie.

J'ai voulu que cette fente soit visible.
Je lui ai parlé de mon amour très rapidement.

POURFENDRE LES IDÉES REÇUES.

CANINE.

Il y a très peu de différence entre canine et câline. J'ai considéré que cette différence était négligeable.

POURFENDRE LES IDÉES REÇUES.

SOUVENIRS.

Il y a des scènes qui resteront gravées en moi quoi que je fasse. Une de ces scènes me revient très régulièrement, souvent quand je m'y attends le moins.

Patrick est assis sur les marches d'un escalier et encourage Aïna à manger.

Aïna a 13 ans.
Elle ne mange que si Patrick est assis près d'elle et l'encourage.

Elle le suivait partout.

POURFENDRE LES IDÉES REÇUES.

REFUSER.

J'ai refusé l'inconditionnel.
J'ai pensé que la condition serait un moteur pour lui et que si ses idées se teintaient de doute, il serait mon homme, de manière inconditionnelle.

J'ai léché les morsures que je lui infligeais.

POURFENDRE LES IDÉES REÇUES.

MÉMOIRES.

La journée est belle, la pluie ruisselle et la gouttière déborde dans un rideau. Le bruit devrait être gênant mais ni lui ni moi n'y prêtons attention. Nous sommes nus.

Je suis à genoux, sa bite dans la bouche et j'aime, oui j'aime cette position. Je suce sa queue comme une gourmandise et j'aime, …, que ses spasmes soient une menace.
Je cajole ses couilles, je lèche ses couilles et je les humidifie.
Je les tiens dans ma main, ses couilles, tandis que je le reprends dans ma bouche.

Je m'arrête.
Je me lève, très satisfaite de moi-même.
Il m'embrasse.

Je veux qu'il me prenne par derrière.
J'écarte les jambes.
Je me cambre.

POURFENDRE LES IDÉES REÇUES.

MÉMOIRES.

La journée est belle.
Les rideaux sont tirés dans une pièce très éclairée.
Je me déshabille et je ressens très profondément que ma chatte a besoin d'être pénétrée. J'ai envie de me masturber. De lui montrer.

J'ai envie d'être vue.

POURFENDRE LES IDÉES REÇUES.

LE BESOIN.

J'ai toujours eu besoin qu'il me voie.
J'avais un besoin viscéral de son regard. Sur moi.

J'en ai encore besoin.
J'ai tellement besoin qu'il me voie que je tremble, seule.

J'ai peur de ne plus exister.
Toutes ses conneries sur son inconstance, ses changements et ses incertitudes me semblent si dérisoires maintenant…
J'ai perdu la partie dans un jeu que j'étais seule à jouer.

POURFENDRE LES IDÉES REÇUES.

CONTRADICTIONS.

Je pense réellement qu'il m'a bien baisée la gueule.
Je suis partie parce qu'il m'a foutue dehors, cet enculé, en jouant le mec perdu.
Je suis partie parce que j'étais bien obligée de partir, parce qu'il a joué un jeu toxique.
Parce qu'il m'a empoisonnée, foutue en l'air jusqu'à ce que je ne le supporte plus.
Je me suis tirée seule, en urgence, comme une voleuse. À cause de lui.

Sale fils de pute.

POURFENDRE LES IDÉES REÇUES.

MÉMOIRE.

Il me soigne.
Il est debout et me parle doucement.
Il me dit quel geste va suivre et que tout ira bien.

Il appuie sur le bas de ma cuisse…, je sens mon bassin se détendre. Une vertèbre craque.

Il ramène ma cuisse lentement à l'horizontale et me sourit.
Tu as entendu, me demande-t'il.
Il rit.

Je sais que ça ira.
Il a fallu presque 20 minutes d'étirements, et de patience.

POURFENDRE LES IDÉES REÇUES.

AÏNA.

Cette merde de chatte me dévisage.
Elle ne mange que peu.

J'ai peur qu'elle renonce.
J'ai peur de ce qui arriverait si elle renonce et j'ai peur de cette culpabilité, qui s'annonce.

…

POURFENDRE LES IDÉES REÇUES.

LA PSYCHOSE.

C'est un pervers narcissique.
C'est un putain de pervers, un de ces enculés de monstre qui abuse de la confiance des autres.

Il a abusé de ma confiance.
Pendant des années.
Il m'a manipulée, pour que je l'aime, pour que je lui donne tout, tout. Je lui ai tout donné.

Et quand il en a eu marre, il a joué le mec brisé, le pauvre type détruit par la vie, qui n'arrive plus à tenir.

…

Cette putain de chatte va retourner au refuge.

POURFENDRE LES IDÉES REÇUES.

...

Je ne veux plus jamais le revoir.

Il faut vendre la maison.

POURFENDRE LES IDÉES REÇUES.

PSY.

Mon amie, ma meilleure amie, celle qui m'a conseillée de rompre et de le quitter sans prévenir, m'a recommandée de consulter une psy. Mon amie a été de bon conseil tout ce temps et plus le temps passe plus je me rends compte que ma meilleure amie m'a bien baisée, aussi.

Mon amie est toujours avec son mari. Elle.
Son mari à elle a traversé plusieurs mauvaises passes, des passes qui ont duré des années, sans emploi, sans revenu, et sans perspectives et mon amie, elle, a tout fait pour sauver son mariage.

Mais ma meilleure amie a trouvé le moyen de me conseiller de rompre, de rompre avec… lâcheté, de me tirer de ma maison, de ma grande maison, d'emporter mes chats et surtout de ne pas prévenir mon cinglé d'homme qui aurait pu m'empêcher de partir. Qui aurait pu même me convaincre de rester…, lui qui est si intelligent… si manipulateur, cet enfoiré.

Qui avait tout réussi.

POURFENDRE LES IDÉES REÇUES.

PSYCHOSE.

Je me dis que ma meilleure ennemie m'a trahie et qu'elle m'a poussée vers les portes de l'enfer, depuis que j'ai franchi l'ultime frontière.

Cette chienne a tout fait pour briser ma vie.

Je vais lui faire payer.

POURFENDRE LES IDÉES REÇUES.

MÉMOIRE.

Je suis assise sur une chaise inconfortable.
Patrick est en train de cuisiner, très concentré.

Je fais mine de m'intéresser à quelque chose d'autre, mais en réalité je le dévore.

Le sentiment est étouffant.
J'étouffe d'amour.

POURFENDRE LES IDÉES REÇUES.

DÉRAISON.

Malgré les tempérances que le deuxième verre m'inspire, malgré ma famille qui pérore sur des sujets à la con, je parviens à haïr cette salope. J'y pense avec une sorte d'ivresse de la bêtise et je me convainc que malgré mes idées à la con, malgré mes volontés stupides, elle aurait dû me convaincre de prendre du temps. De réfléchir.

De surtout pas me précipiter.
D'attendre.

De ne pas stigmatiser mon homme.

Elle aurait dû me parler de son expérience, des moments de doute, des difficultés qu'elle a vécu avec son mari et me témoigner son soutien. Au lieu de m'encourager à tout quitter.

POURFENDRE LES IDÉES REÇUES.

MÉMOIRE.

J'ai le cul…
Nous sommes sur un chemin de montagne, près d'une cascade. La journée est sublime.
Je sais qu'il ne tient pas aussi longtemps que moi mais il tient bon.

J'ai envie qu'il découvre ma vie comme je l'ai connue avant que lui ne devienne le centre de ma vie. Je lui parle de l'histoire des trois montagnes, des aménagements qui ont vu le jour au fil des ans et des succès que la station cumule.
Je guette les signes de fatigue. Je crains que mes histoires ne l'ennuient et que cette marche qui dure depuis déjà deux heures ne soit un rejet.

Mais non. Il rit, me complimente et dit… des choses.

Je transpire du cul.
J'ai envie de le branler avec mes fesses.

POURFENDRE LES IDÉES REÇUES.

MA FAMILLE.

J e sais que je suis irritée et que ma sensibilité est exacerbée, mais j'en ai marre.
La soirée s'éternise, les discussions sont les mêmes. Je pense que je devrais partir.

Patrick, ce con, cet imbécile dégueulasse, ce merdeux, ce menteur, m'a donné le goût des discussions de fond.

Je m'ennuie.
Ma mémoire s'emballe.

POURFENDRE LES IDÉES REÇUES.

MÉMOIRE.

J'ai les pieds douloureux, les jambes aussi.
La peau laiteuse laisse voir mes veines.

Je me demande s'il voit que j'ai des varices.
Je lui montre mes varices.
…

Il me dit que ce n'est pas grave.

POURFENDRE LES IDÉES REÇUES.

...

Reconnaitre que mes jambes sont laides serait une vérité, mais je n'ai jamais vu Patrick reconnaitre autre chose que la beauté. Il aimait mes seins, il aimait mes fesses. Je pense que j'ai fait une connerie…

LIVRE 3

DÉFENDRE.

DÉFENDRE.

JE REFUSE.

L'esprit est brouillé, la mémoire est en sommeil.
J'entends que des conneries frappent à la porte de ma conscience mais je refuse d'ouvrir.

Je lis.
J'aime ce que je lis et j'entends bien lire jusqu'au sommeil.

Parmi les conneries, une certaine idiote me murmure qu'elle regrette et que malgré ses sales coups, elle m'aime toujours.

Elle insiste.

DÉFENDRE.

L'INSTINCT.

Peut-être avez-vous déjà ressenti que ce que vous supposiez était certainement vrai et qu'il n'y avait pas de doute sur la logique de ces suppositions.

Peut-être que vous savez comme moi que les doutes viennent quand même.

J'ai toujours raison.
Mes suppositions sont construites par un instinct puissant et je dois admettre que cet instinct est ma raison. Mais je n'y arrive pas. J'ai beau me répéter que mon instinct est construit par des décennies de vécu et que ma compréhension est toujours fiable, le trauma me frappe de plein fouet, encore et encore et je réalise que je n'ai rien vu venir.

Je n'ai rien vu.

Où était donc mon instinct, quand cette salope s'est barrée sans prévenir. En enterrant sept ans de vie commune. Où était ma raison ?

DÉFENDRE.

LES ARMES.

Il est impossible d'imaginer quelque chose qui détruit l'esprit. Impossible.
La destruction est toujours une surprise.

À moins de passer sa vie dans la violence.

DÉFENDRE.

LA TERRE.

Je n'aime ni la violence ni la volonté qui sous-tend son existence. À vrai dire, je hais la violence, je la hais tant que je veux la détruire.

DÉFENDRE.

LES AIRS.

L'ère du temps serait insaisissable mais je connais les secrets de l'écriture et je vois dans les signes que l'air change. L'air que je respire m'indique que le temps est au changement.

Je respire fort, je prends des brassées et je me remplis les poumons. Mes jambes saisissent l'effort et je cours vers le passé que ma mémoire tente comme elle peut de distancer.

Je passe devant un souvenir et pour marquer la bonne mesure qu'il m'inspire, je pète. J'accélère. Le souvenir suivant est attachant, me colle au cul et je ressens que celui-là va me faire chier longtemps. Je le considère avec toutes mes armes au clair et je lui jure, à ce souvenir, que je vais le détruire.

Il me sourit, baisse sa culotte et me montre son passage chez l'esthéticienne. La peau est douce.

DÉFENDRE.

!?

J'ai envie de l'appeler et de lui gueuler dans le cerveau qu'elle a merdé, qu'elle a commis l'impensable et que la destruction est telle que le monde entier sombre devant sa connerie.

J'ai envie de lui demander, à cette conne, si elle a réfléchi, si ce geste d'une parfaite ignominie a été inspiré par le chaos ou si cette cervelle qui lui sert de claque-merde a réfléchi, avant de balancer aux chiottes sept années d'amour.
…

Je doute qu'elle ait réfléchi à quoi que ce soit et je doute de tous mes instincts.

La violence me murmure à l'oreille que son amour est intact et que les raisons qui ont amené ce geste seraient toutes à la portée de ma compréhension, pour autant que je veuille comprendre. Mais honnêtement qui voudrait donner une caution raisonnable à la violence !?
Qui voudrait écouter la violence insister sur ses raisons, alors que l'esprit crève…, et que la dépression menace.

Personne.
Pas moi.

L'eau tiède me coule dessus et je prends mon temps. Deux
minutes. Deux minutes et je fais vite.
…

Le nettoyage est un processus calibré, éprouvé et validé.
Je commence par exfolier mon visage avec du sel, du sel de
cuisine, mélangé avec un tout petit peu de gel douche. Je le
fais consciencieusement avant de me laver les cheveux.
Un noyau de shampoing et un massage du cuir chevelu.
Il faut toujours masser son cuir chevelu. La circulation du
sang a besoin d'être stimulée régulièrement.

Puis la douche.
Je nettoie tout mon corps. En insistant sur les parties qu'on a
tendance à oublier.

DÉFENDRE.

...

Peut-être que j'ai oublié d'insister sur quelque chose...

Peut-être que cette partie de moi que j'ai oubliée, de nettoyer, s'est rappelée à mon bon souvenir...

DÉFENDRE.

MALGRÉ TOUT.

J'ai toujours pensé que l'esprit était une mécanique qu'il fallait entrainer, un muscle. J'ai toujours pensé que si j'entrainais mon esprit à être une mécanique, jamais je n'aurais de dépression.

J'ai eu tord.
La dépression est là.

Le muscle s'affaisse et je m'assois sur mes pensées comme je trônerais sur la misère du monde.
Je n'arrive plus… à vouloir… penser.

DÉFENDRE.

JE N'ARRÊTERAI PAS.

J'ai suffisamment d'expérience pour savoir que si cet état n'est pas traité, je vais finir dans le cul des basses fosses, à racler les chiottes.

Je parle à mes collègues.

« Vous savez comme moi que mon cul ne va pas bien. »

« Je déprime. »

« Je vais essayer de résister, encore. »

« Vous savez que la flamme a été soufflée, et que la fumée m'étouffe. Je le vois dans vos yeux, vous savez. »

« Vous savez comme moi que notre cul est malade et que chacun d'entre nous est en train d'en chier. Je le vois tous les jours dans les états d'un futur que chacun se cache. Si on continue comme ça, on va tous finir comme des raclures, …, comme des Arnaud. »

DÉFENDRE.

CONJUGAISON.

Je le vois tous les jours.
La déprime gagne du terrain et le futur est terne.

Mes collègues ne veulent plus, ils travaillent pour survivre.

Je réfléchis.
Je me dis que la dépression est un terrain cabossé et que peut-être la solution serait d'appeler le coeur à accélérer.
Il me faudrait être tout-terrain, accélérer et prendre du plaisir, sachant que les cahots, les chaos, risquent de me renverser.

Je souris.
L'idée de rire de l'adversité me fait du bien, et dans ma tête je fais la nique à cette salope, qui m'a pris mes chats. Je me laisse emporter, et pour la première fois depuis deux semaines, je consens à lui écrire.

« Salut,

Je suis rentré à la maison, il y a deux semaines, pour ne plus
trouver que du vide. Et une note.
Un coup qui a failli me coûter très cher.
Peut-être pourrais-tu m'expliquer ?

Merci.
Patrick. »

DÉFENDRE.

PEACE.

« Patrick,

Je pense que les deux semaines qui sont passées m'ont fait du bien. J'avais besoin de réfléchir.
Je m'excuse pour cette fuite.
Je crois que j'ai fui la peur de te perdre.
J'étais sûre que j'étais en train de te perdre.
Je te voyais, sans plus reconnaitre l'homme de ma vie.
Tu es l'homme de ma vie.
Je t'aime.

Sylvie. »

DÉFENDRE.

...

...

Bon.
Je craque.

Je craque sévère.

DÉFENDRE.

AND LOVE.

« Sylvie,

Si je t'écrivais que sans toi, plus rien n'a de sens, peut-être comprendras-tu que je ferai tout pour toi.

Je t'aime.
Patrick. »

LIVRE 4

AIMER.

AIMER.

JE L'AIME.

Je reconnais dans mes idées une sorte de force.
Je suis forte. Très forte.
J'ai eu la force insensée de tout quitter, pour sauver mon couple.

AIMER.

JE M'AIME.

Je dois reconnaitre que cette force est typiquement féminine et que les hommes, eux, n'ont jamais eu cette force insensée de préserver les fondements du couple.

J'ai eu le sentiment que Patrick partait à la dérive et je suis partie pour lui donner une leçon qu'il n'oubliera pas de sitôt.

Je vais lui rappeler cette leçon autant que possible.

AIMER.

L'ACCUEIL.

Je reviens d'abord pour une nuit.
Je m'attends à des épanchements, à des larmes.
Je sonne à la porte de chez moi.

Personne.
Je sonne encore.
En colère.

Personne.

Ivre de colère, je prends mes clés et j'ouvre.

La maison est habitée d'une idée qui me surprend.
Vide.
Il n'y a personne.

AIMER.

NOTE.

Une note est posée sur la table de la cuisine.
Elle est soigneusement pliée.
Je me dirige vers cette table avec le sentiment très
réel que Patrick… va se battre.

« Ma chérie.

Je n'ai pas pu accepter de rester seul.
Mes chats, ma femme.
Seul.

Le surmenage.
Le désespoir professionnel.
Mes chats.
Ma femme.

J'ai essayé de réfléchir mais le sentiment d'une injustice
dégueulasse m'a tellement harcelé que j'ai pris quelques
affaires, quelques livres et quelques idées. Pour aller me faire
voir ailleurs. Le temps de réfléchir.
Patrick. »

AIMER.

...

La première idée qui me vient est « Il se fout de ma gueule », mais cette idée ne correspond pas vraiment à ma force. La deuxième est plus crédible.

« Il a été si blessé qu'il est parti se soigner. »

Je m'assieds sur une chaise poussiéreuse.
Les humeurs de cette cuisine sont assassines.
Il y a une animosité qui me surveille, qui guette… mes pensées.

Je ne me sens plus chez moi.

AIMER.

LA HAINE.

Je me lève. Je réclame de la force.

J'exige ma force.

Je veux une mesure radicale qui rappellera à Patrick que je suis une femme que l'on désire et que l'on respecte.

Je commence à réfléchir à lui faire mal.

Mes idées tournent toutes autour de la volonté de Patrick, cette volonté si bonne, d'aider. Je sais à quel point Patrick aime aider et je me dis que si je saisis dans ses faiblesses idiotes un point de destruction, j'aurais mon homme, à genoux, en quelques jours.

Je vais lui écrire.
Je réfléchis.

« Ma pute…

… , sale enculé…

Fils de chienne…

AIMER.

LA CHAMBRE.

L'armoire est vide.
…
Il n'y a aucun vêtement.

Rien.

Je cherche des yeux une volonté de le détruire mais je ne ressens plus qu'une sorte de panique.

Il est parti… ?!

Il m'a quittée ???

AIMER.

LES…

Je n'arrive pas à respirer.
…
La panique me submerge.
Je m'assois. Je me lève. Je vais pleurer.

Je m'assois.
Je regarde cette armoire vide et je constate que ma force a
été destructrice.

J'ai détruit ma vie.

AIMER.

JE N'Y ARRIVERAI PAS.

Je ne sais pas pourquoi mais dès que j'ai écrit ce message, ce message d'amour, la rage m'a pris. Une rage bizarre. Comme si ce message avait reçu une réponse indue.

Je me suis demandé si ce sentiment bizarre avait un fondement réel, mais… l'intuition.

J'ai ressenti qu'elle jubilait, qu'elle se goinfrait. J'ai ressenti que cette femme que j'ai tant aimé, m'était devenue étrangère et qu'elle agissait comme une idée de la destruction.

J'ai voulu repousser cette idée.
Avec rage.

AIMER.

LA DÉPRESSION.

Je vais payer cher cette décision.
Très cher.
Je sais déjà que je n'y arriverai pas seul.

Je prends le temps de réfléchir et sans trop insister, j'appelle mes parents. Je leur explique que je suis dans une impasse et que je ne sais plus trop où j'en suis, ni comment trouver la volonté d'avancer.

Ils me répondent que je dois me reposer.

…

Je leur demande de m'accueillir quelques jours.

Leur réponse ne tarde que quelques secondes mais suffisamment pour que je ressente que je les emmerde.
Je raccroche.
Sans un mot.

Les larmes viennent en force et me dévastent. Je ressens avec insistance que la réponse de mes parents aurait dû être prévisible.

Ils me rappellent.
Me laissent un message.

L'idée de partir s'impose.

AIMER.

JE VIDE...

Les larmes se tarissent... et la rage.
Je n'arrive pas à accepter qu'elle puisse revenir dans la maison triomphante.
Je n'y arrive pas.

J'avoue que la dépression est en train de me guider, j'avoue aussi que la revanche est un sentiment qui ne me satisfait pas. Je fais quand même.

Je vide cette armoire.
Je mets tous mes vêtements dans des cartons. Avant de me rendre compte que je vais avoir besoin d'un nécessaire.

Je trie.
Je remplis une valise.

Les cartons vont à l'étage.
Ma valise attend.

AIMER.

LES FRONTIÈRES.

J'embarque dans ma voiture.
Il est très tôt.

La musique est ma compagne.
Je repense à mon équipe et je sais qu'ils ont entendu que mes vacances sont un appel à revenir.
J'ai parlé le coeur léger.

« J'étouffe.
Je vis un cauchemar.
Je dois m'éloigner un peu.

Je reviendrai bien sûr mais sachez quand même que ça ne va pas du tout. »

Je pars en vacance et je vais là où mes idées de la solitude ne sont jamais qu'une compagnie tendre. Je vais en bord de mer.

AIMER.

PLONGE.

L'hôtel me connait bien.
J'y viens depuis des années.
…
J'ai réservé pour deux semaines.

Je pose ma valise sur le trépied.
Mes pensées sont mono.
Grises.
Un peu noires.

J'allume la télé et j'hume cette odeur si particulière des
chambres d'hôtel, un mélange de détergents, et de vide.
Je décide que faire le vide est le but de mon séjour.
Et que je dois me nettoyer.

Je cours vers la plage et je reconnais, les larmes aux yeux,
que l'empreinte de mes pieds sur le sable est une marque du
temps. Je reconnais le temps dans ces vagues qui me giflent
et me bousculent. Et je pleure.

ÉPILOGUE.

ÉPILOGUE.

AMENEZ LA NUIT…

Ma psy est une femme qui ressent en elle que je veux aller dans le sens d'une thérapie rationnelle, que je veux que les sentiments soient rationalisés.
Elle me parle.

« Si vous espérez que le sentiment de détresse va pouvoir être maitrisé par vos raisonnements, vous allez être déçu. »

Je la comprends.

« La détresse est si difficile à maitriser qu'il faut parfois des années pour en comprendre les tenants. Et je dois dire que la raison n'est pas toujours une aide. »

« Il n'est pas rationnel d'avoir besoin de l'amour d'un être qui pourtant ne fait pas de bien. Qui pourtant fait du mal.
Ce n'est pas rationnel d'éprouver de la détresse face à l'évidence du mal.
Il faudrait éprouver du soulagement. »

Je suis passionné.

« Votre compagne vous a quitté de la pire des façons possibles et il faut reconnaitre que cette façon d'agir n'a jamais été bien intentionnée. Elle a voulu vous nuire. Elle a voulu vous nuire en se reposant sur le sentiment que votre bonté allait souffrir, et que la sécurité d'un retour était raisonnable. »

« Elle est partie avec le bagage de votre coeur. »

ÉPILOGUE.

L'AMOUR.

Je lui réponds que je ne comprends pas pourquoi et que cette question me tue.
Je lui affirme que mes idées de l'amour n'avaient jamais... imaginé que le destin d'une femme puisse être autant absurde.

« Je pourrais vous dire que cette femme a eu besoin de se prouver que l'amour qu'elle inspire est suffisant, pour la conserver dans l'idée que le renouveau de sa vie est garanti..., mais ce serait beaucoup trop irrationnel. »

« Je pourrais aussi vous affirmer que son amour pour vous est vrai, mais que l'intention de ses armes est mal. »

« Je pourrais conclure que les armes de ses intentions sont de nuire pour ramasser les désastres, dans le sentiment que son coeur est plus solide qu'il ne l'est réellement, mais ce serait reconnaitre que votre compagne est psychotique. »

« Et qu'elle se ment en permanence. »

ÉPILOGUE.

JE SUIS PERDU.

Je comprends qu'elle est au bord d'elle-même, et que le précipice la guette.
Je le dis à ma psy.

Elle acquiesce.

Je lui dis que je suis perdu.
Que je ne sais pas quoi faire.

Elle me répond que le désastre est déjà consommé et qu'il est plus que probable qu'elle mesure déjà les conséquences de ses intentions.

Je lui demande pourquoi le mal. Pourquoi selon elle, a-t'elle voulu tout ce mal.

…

« Je pense beaucoup. »

« Je pense beaucoup et beaucoup de mes pensées sont
concentrées sur l'objet de mes espoirs. Mon mari. »

« Je pense tellement que parfois je ressens en moi
l'absurde. »

« Je ressens en moi le besoin de détruire mon mari, pour que
mes pensées se taisent, que mes espoirs cessent de me
peser. »

« Je voudrais le silence des espoirs. »

« Je transfère ce poids sur mon mari et je ressens en moi la
pulsion malsaine de faire en sorte que ce poids soit
destructeur. Le contrepoids. »

« Cette systématique s'appelle le contrepoids. »

…

« Plus j'aime mon mari…, plus ce contrepoids me déchire. »

« Ce besoin de clarifier ma pensée me pousse régulièrement
à le haïr, à haïr cette emprise intolérable que son être exerce
sur ma pensée, sur moi. Ma pensée se bouleverse, se
révolutionne. Je cherche un exutoire, qui ne soit pas de la
folie. La haine est un exutoire à la psychose. »

ÉPILOGUE.

LA RAISON.

J e vois dans ses yeux que les raisons qu'elle expose sont très rationnelles et elle me dévisage.

J'envisage de lui dire que je comprends bien, mais quelque chose me pousse.

- J'entends que les raisons sont amoureuses.
- J'entends qu'elle me hait parce qu'elle m'aime.
- …
- J'aimerais avoir la force de dire que je suis capable d'encaisser cette haine, mais je ne l'ai pas.
- Je suis épuisé.
- …
- Peut-être en dépression.
- Cette rupture m'a complètement vidé.

Elle acquiesce.

« Personne ne peut vous demander de subir la haine. »

« Et honnêtement, personne ne peut supporter de vivre comme ça. »

« Je n'ai pas de solution. »

« Je sais seulement que certaines n'arrivent plus à trouver l'équilibre qu'il faut maintenir entre obsession et rejet, et que cette perte met un terme au couple. L'équilibre est une histoire, bien sûr. Beaucoup de choses entrent en jeu. »

« Il est possible de retrouver cet équilibre, mais le plus souvent cela nécessite des mois, voire des années de thérapie. Sans garantie. »

« Il faudrait faire de la prévention, et je me répète souvent que cette prévention devrait toucher à tellement d'aspects de nos vies, que l'idée même de commencer serait rédhibitoire. »

« Je suis désolée.
Je peux…
Nous pouvons traiter de ce qui vous touche, mais pas de ce qui la touche elle. Si elle consent à une thérapie de couple, nous pourrions commencer à la voir, si vous le souhaitez également. »

-   Non.
-   Je regrette.
-   Je n'arrive plus à la considérer autrement que comme un danger.

- Elle m'a précipité dans un trou noir, si profond que j'ai
  failli sombrer définitivement.
- Je ne peux pas.
- C'est viscéral.
- …
- Je n'arrive même plus à la voir.

ÉPILOGUE.

JE RÊVE.

Nous sommes dans un lit, très grand.
Elle est couchée sur le ventre, et je lui masse la tête.

ÉPILOGUE.

...

ÉPILOGUE.

LE TEMPS.

Le seuil des amours perdus est difficile à franchir, parfois très difficile. Si le désespoir professionnel est un facteur grave, un facteur si grave que les couples n'y résistent que très difficilement, la perte du repère amoureux vient creuser le précipice de la dépression.
Les apparences ne sont pas ce qu'elles semblent être et je dois dire qu'il est bien difficile de juger des tords, bien difficile de juger, lorsque la perte déchire si profondément, le coeur de l'un et de l'autre.

www.ingramcontent.com/pod-product-compliance
Lightning Source LLC
Chambersburg PA
CBHW061100250726
48653CB00001B/484